Wo nichts ist,

kann auch nichts werden

Über die Unmöglichkeit,

das zu werden, was du bist

BoD™

BOOKS on DEMAND

Für Nanette

Erreiche den Gipfel der Leere,

bewahre die Fülle der Ruhe,

und alle Dinge werden gedeihen.

— Kung Fu Tse

Ulrich Fromme

WO NICHTS IST, KANN AUCH NICHTS WERDEN

Über Wuwei

Edition Buddha Bärchi

Bibliografische Information der Deutschen Nationalbibliothek:

Die Deutsche Nationalbibliothek verzeichnet diese Publikation in der Deutschen Nationalbibliografie; detaillierte bibliografische Daten sind im Internet über http://dnb.dnb.de abrufbar.

© 2018 Edition Buddha Bärchi

Lektorat: **Konrad Stauffenberg**

Umschlagillustration: **Nico Prause**

Darshan: **Leon-Noel**

Kontakt: **wuweiwuwei@web.de**

Herstellung und Verlag: BoD – Books on Demand, Norderstedt

ISBN: 9783748130178

Inhalt

Wo nichts vom Verstand Erdachtes den Raum füllt, entsteht unendliche Energie. — Thich Nhat Hanh

Die Suche

Was bedeutet Glück?

Ist Glück möglicherweise die Abwesenheit von Glück und Unglück?

Wenn sich der Mensch als „glücklich" bezeichnet, ist dies oft eine Momentaufnahme, vielleicht weil der Körper-Verstand-Organismus sich in einem bio-chemisch optimalen Zustand des Wohlbefindens bewegt oder aber die „äußeren" Umstände als ideal für den gewünschten, relativen Vorteil der Person – den denkenden Verstand – empfunden werden.

„Glück" beinhaltet immer schon sein Gegenteil.

„Glück" als absoluter Frieden wäre, wenn am Morgen im Aufwachen niemand aufwacht und am Abend beim Einschlafen niemand einschläft.

Also in der Abwesenheit einer scheinbaren Person, die „Glück" und „Unglück" empfinden und für-wahr-nehmen könnte. Aber wer könnte und wollte das erreichen?

Was bedeutet spirituelle Theorie?

Spirituelle Theorie bedeutet den Fokus auf Ideen zu richten. Hier handelt der Verstand.

Was bedeutet spirituelle Praxis?

Spirituelle Praxis bedeutet den Fokus auf den Körper und das *Qi* zu richten. Hier endet der Verstand.

Spirituelle Theorie und Praxis

Verwirklichung aus tiefer Praxis erzeugt überzeugende Theorie. Warum auch immer. Theorie als Erklärung des Nicht-Erklärbaren für Nicht-Verwirklichte.

Theorie kann aus Nicht-Verwirklichten niemals Verwirklichte machen.

Was ist der Verstand?

Die scheinbare Ich-Identität eines Menschen kann als ein energetisches Feld verstanden werden, das potenziell alle Emotionen, Empfindungen und Gedanken, die dem menschlichen Körper-Verstand-Organismus möglich sind, beinhaltet.

Der Verstand ist in diesem Feld das alles dominierende Ordnungsprinzip, das die Emotionen, Empfindungen, Gedanken und Für-wahr-nehmungen des Organismus zu endlosen, reflektierenden Geschichten formt. Aus der absoluten und scheinbar ununterbrochenen Dominanz dieser Geschichten – die der Verstand zusammenfügt und „erklärt" – entsteht das Gefühl einer Präsenz, die irrtümlicherweise den Gedanken, also die Idee eines unsterblichen und vom Körper unabhängigen, individuellen „Ich", Selbst", „Psyche", „Geist", „Wesen", „Individuum" entstehen lässt. Dies ist die Ursache des Leidens.

Der denkende Verstand

Konzeptionell kann der denkende Verstand als horizontaler Aspekt des Verstandes interpretiert werden, der in Zeit involviert ist: das sogenannte Ego ist hier verstrickt und macht sich Gedanken über mögliche Folgen seines scheinbaren Handelns in der Zukunft. Ob eine Handlung von Vorteil oder Nachteil sein könnte oder was andere Menschen darüber denken.

Der denkende Verstand urteilt über scheinbar von ihm ausgeführte Handlungen, glaubt, dass er ein unabhängig Handelnder ist und spekuliert deshalb unentwegt über Konsequenzen.

Der denkende Verstand ist tendenziell intellektuell.

Gedankenbilder tauchen im Wachzustand nahtlos auf – daraus projektiv „Geschichten" zu entwickeln, und sich auf dieser Grundlage „die Welt" zu erklären und zu „verstehen", das ist die innewohnende Aufgabe des denkenden Verstandes.

Diese Projektion der „Welt" hat eine unabdingbare Grundlage – den jeweiligen Körper-Verstand-Organismus. Vergeht der Körper-Verstand-Organismus, vergeht auch die Projektion der „Welt".

Dieses erzeugte Abbild der Wirklichkeit – die „Welt" - kann als Illusion bezeichnet werden, weil es in sich substanzlos ist.

Der arbeitende Verstand

Sowohl der denkende als auch der arbeitende Verstand bewerten und beide sind involviert in das, was gerade getan wird.

Der arbeitende Verstand beschreibt konzeptionell den vertikalen Aspekt des Verstandes und agiert ausschließlich im Augenblick der Handlung. Das endlos spekulierende Ego ist hier nicht anwesend.

Taucht eine Problemstellung auf, handelt der arbeitende Verstand augenblicklich, ist nur insoweit in Raum und Zeit gebunden, als das eine sofortige, nicht spekulative Bewertung aus dem vorhandenen Wissen relativ „lebendig" erfolgt, ohne über mögliche

Konsequenzen und Vor- und Nachteile zu spekulieren. Persönliche Sorge über zukünftige Auswirkungen der Handlung ist nicht vorhanden. Es wird nicht geurteilt.

Der arbeitende Verstand ist tendenziell intelligent.

Sowohl der denkende Verstand als auch der arbeitende Verstand und auch „Verstand" an sich sind Konzepte. Ideen, die ganz offensichtlich eine dem Menschen spürbare energetische Präsenz und Form beschreiben. Nur hat die scheinbare Existenz „Verstand" keinen unveränderlichen Kern, keine ihn bezeichnende, unveränderliche Substanz.

Aufgrund dieser Substanzlosigkeit ist auch „der Verstand" nur eine Erscheinung, die auftaucht im Bewusstsein. Mal ist der Verstand existent, mal nicht. Diese temporäre Bruchstückhaftigkeit ist das hauptsächliche Merkmal aller scheinbar existierenden Objekte. Das, was tatsächlich Existenz besitzt, ist nie nie. Es ist selbst dann, wenn es nicht ist. Es lässt alle Objekte scheinbar in der Manifestation des Bewusstseins erscheinen. Und ist weder verbunden noch getrennt von den Objekten.

Thought can only create thought and only thought can stop thinking. There is no solution. Thought is not the instrument to solve that problem. And there is no other instrument. No instrument is necessary. – UG Krishnamurti

Denken – das Problem aller Probleme

Das Denken des denkenden Verstandes kann als verbales Denken bezeichnet werden. Das Denken des arbeitenden Verstandes als physiologisches Denken.

Das verbale, rationale Denken und die Logik als prägende Merkmale des denkenden Verstandes werden im Westen als strikt getrennt vom Physischen verstanden: entkörperlichter Geist, getrennt von physischer Materie. Tatsächlich jedoch ist all das die ungeteilte Manifestation von Bewusstsein. Und darin ist „Denken" ebenso materiell, langsam und unkreativ wie physische Bewegungen in der menschlichen Gesellschaft.

Das verbale Denken bedeutet „Geschichten in Zeit – erzeugt aus Bildern". Als denkender Verstand ist es das Produkt kalter Kognition – also vor allem aus der Informationsverarbeitung durch Denken -, erschaffen aus der Summe der reflektierenden Überlebensbemühungen der Menschheit.

Die heiße Kognition hingegen ist das ungefilterte und unbehinderte Wirken aus dem biochemisch-hormonellen Körper. Urvölker benötigten nur wenig kalte Kognition zum Überleben, heutzutage produziert die menschliche Gesellschaft unnatürliche Lebensumstände, wegen derer der Körper scheinbar andauernd mittels kalter Kognition regulativ beeinflusst werden muss. Unnatürlichkeit wird natürlich.

Gedanke ist faschistisch in seiner Natur, seinem Ausdruck, seinem Inhalt und seiner Handlung. - UG Krishnamurti

Buddhismus, Daoismus und all die Anderen

Wer braucht immer ausführlichere, detailiertere Erklärungen spiritueller und religiöser Art? Vielleicht der, der sich in einer religiösen oder spirituellen Gesellschaft und Gemeinschaft positionieren und dazugehörig fühlen will?

Spirituelle Ideen und Übungen als notwendige Identitätsstiftung in einer scheinbar sinnlosen Existenz?

Existiert ein Fortschritt in all dem?

Was davon braucht noch der, der die letztendliche Inhaltslosigkeit und Unlebendigkeit all dieser – zugegebenermaßen oft angenehmen und verführerischen – Ideen und Vorstellungen erlebt?

Wenn ein Blinder einen Blinden führt, fallen beide in die Grube - Thomas-Evangelium

Und was heißt *Wuwei*?

Das daoistische Konzept zu *Wuwei*

Konzeptionell lässt sich in der traditionellen chinesischen Philosophie die Existenz in drei Bereiche unterteilen: in die Bereiche des Geistes (*Shen*), der Lebenskraft (*Qi*) und den Bereich des Materiell-Körperlichen (*Xing*).

Taiji

Allem innewohnend ist der jegliche Lebensvorgänge steuernde Zustand *Taiji* als Schöpfungsfaktor. *Taiji* als formloser und nicht erkennbarer – aus üblicher menschlicher Für-wahr-nehmung existenzloser - Urgrund aller Manifestation bezeichnet das Sein vor dem allerersten Anfang und dem allerletzten Ende aller Existenz. *Taiji* bedeutet übersetzt „vor dem Anfang" (*tai*) und „nach dem Ende" (*ji*).

Konfuzius erwähnte *Taiji* erstmals im Buch der Wandlungen (*Yijing*). Diese Idee beschrieb Laozi schon vorher im Daodejing und bezeichnete sie als „Dao".

Taiji umfasst als seine treibende Kraft den vollständigen Zyklus von Werden und Vergehen. *Taiji* wird beschrieben als ein Zustand vor Yin und Yang. Im Buch der Wandlungen steht geschrieben: „Wandel beinhaltet *Taiji*, welches die Polaritäten Yin und Yang erzeugt. Yin und Yang erzeugen die vier Bilder (Yin und Yang mit Yin in Yang und Yang in Yin). Die vier Bilder erzeugen die acht Trigramme, Bagua (Feuer, Erde, Sumpf, Himmel, Wasser, Berg, Donner,Wind)."

Jegliche Existenzform entsteht aus *Taiji* und kehrt wieder zu *Taiji* zurück – aus Formlosigkeit entsteht jegliche Form und jegliche Form kehrt auch wieder zur Formlosigkeit zurück. Vom menschlichen Standpunkt bedeutet dies Geburt und Tod, vom Standpunkt des *Taiji* bedeutet es ewige Verwandlung. *Taiji* beinhaltet auch den Lebenszyklus jeglicher

Existenz. *Taiji* hat keine Form, beinhaltet aber bereits jegliche Form als Potential.

Der Zustand der üblicherweise wahrnehmbaren Existenz wird *Youji* genannt. Hier können unterschiedliche Formen von Existenz – Objekte – unterschieden werden. Der Zustand der Nicht-Existenz wird *Wuji* genannt. Hier kann überhaupt nichts wahrgenommen werden.

Taiji ist der Zustand zwischen *Wuji* und Youji, beinhaltet aber gleichzeitig *Wuji* und Youji als Extreme. *Taiji* – eine Mischung von Existenz und Nicht-Existenz, in der schon alles existiert, aber noch ohne Form ist.

Die drei Zustände *Wuji, Taiji und Youji* umfassen die gesamte Existenz.

Taiji impliziert, dass *Wu* (Nicht-Existenz) *You* (Existenz) erzeugt.

Wuwei

Wuwei nun bezeichnet das Prinzip, welches den „Schöpfungsfaktor" *Taiji* wirken lässt, der die unterschiedlich potentiell in *Wuji* angelegten Existenzformen nach Youji bringt. Weil dieser Schöpfungsfaktor nicht erkennbar ist, wird sein Prinzip *Wuwei* genannt. *Wuwei* ist sozusagen die Handlung von *Wu* (Nichts), die unergründlich für uns ist. Die Quelle einer Schöpfung aus *Wu* ist nicht erkennbar, nur ihre Auswirkung, das *You*, das erzeugt wurde von *Wuwei*.

Wuwei ist das Prinzip für die Schöpfung von *You* aus dem *Wu*. Youwei ist das Prinzip der Schöpfung von *You* aus dem *You*, nachdem *Taiji* bzw. das Dao *You* aus dem *Wu* erschaffen hat.

So kann *Wuwei* als Möglichkeit verstanden werden, die dem *Taiji* innewohnende schöpferische Kraft durch den menschlichen Körper-Verstand-Organismus wirken zu lassen – möglichst ungestört durch die Konditionierungen von Gesellschaft und Kultur. *Wuwei* bedeutet in diesem Verständnis, in einen Zustand des „Nichtwollens" einzutreten, der relativ frei von den Annahmen und sprachlichen oder gedanklichen Konzepten gesellschaftlich-kultureller Prägung ist. *Wuwei* ist das Leitprinzip, um das Dao bzw. *Taiji* zu praktizieren. Wenn jegliche Handlung weder initiiert noch gelenkt wird mit unserem Geist, kann der Zustand auftauchen, aus dem *Wu You* kreiert.

Wenn *Wu You* erzeugt und das *You* rekursiv zu *Wu* geht, kann das als „Praxis des Dao" bezeichnet werden.

Wuwei folgt dem natürlichen Prinzip, das keinen Konzepten, Modellen oder Übungen der Menschheit folgt. Auf diesem Weg wächst auch das Gras auf seine eigene Art.

Wuwei und *Youwei*

In der chinesischen Terminologie bezeichnet „*Wuwei*" Wirken (*Wei*) aus dem Unbekannten (*Wu*). Es wird durch Nicht-Handeln bzw. Nicht-Tun verursacht. *Wuwei* ist weder Denken noch Nicht-Denken und: Nicht-Tun bedeutet nicht Nichtstun.

Niemals machen und doch bleibt nichts ungetan. – Zhuangzhi

„*Youwei*" hingegen bezeichnet Wirken (*Wei*) im Bekannten (*You*). Es wird aus willentlichem, bewussten Handeln bzw. Tun verursacht. Youwei ist Handeln aus Denken. Ist nicht alles Handeln in „der Gesellschaft" Youwei? Dort unterscheiden sich Aktivität und Passivität im Handeln nicht. Beides ist Youwei.

Youwei und *Wuwei* sind die sich ergänzenden Pole eines Konzeptes, einer Idee, analog zu dem Konzept von Yin und Yang.

Also existiert Youwei nicht ohne *Wuwei*, *Wuwei* existiert nicht ohne Youwei.

Wuwei in der Praxis ist die Idee des Zulassens und Wirkens der ursprünglichen Lebensenergie durch den Körper in Folge der Aufgabe bzw. das temporäre Verschwinden jeglicher Kontrolle durch den denkenden Verstand über den Körper.

Qi

Die Substanz unserer gewöhnlich für-wahr-genommenen Welt – Youjie - ist feste, materielle Form und wird als Xing bezeichnet. Die Substanz der spirituellen Welt – *Wuji*e - wird bezeichnet als Shen und bleibt der gewöhnlichen Wahrnehmung verborgen.

Die Substanz des Bereiches dazwischen – Wuyoujie – ist *Qi* und vereinigt Charakteristika aus Xing und Shen. *Qi* ist weder unfassbar wie Shen, noch greifbar wie Xing. *Qi* hat keine feste Form, kann aber jede Form annehmen. Schaut man von *Wuji*e zu Youjie, dann ist *Qi* der Ausdruck von Shen und Xing der Ausdruck von *Qi*. Schaut man von Youjie zu *Wuji*e, dann ist *Qi* die Essenz von Xing und Shen die Essenz von *Qi*.

In Wuyoujie ist *Qi* eine ungeteilte Mixtur, in Youjie differenziert sich *Qi* in Yin und Yang.

Vom Standpunkt unserer üblicherweise für-wahr-genommenen Welt ist Qi in diesem Konzept die Quelle aller Existenz.

Yin- und Yang-Funktionen

Bezüglich der menschlichen Für-wahr-nehmung der Existenz unterscheidet der Daoismus die Yin-und Yang-Funktionen der Sinnesorgane.

Aus daoistischer Sichtweise hat der Mensch sechs Wurzeln seiner Sinnesorgane – genannt Liugen. Die sechs Sinnesorgane sind Sehen, Hören, Riechen, Schmecken, Berühren und Bewusstsein. Das Bewusstsein sammelt den Input der anderen Sinnesorgane und führt sie zusammen wie die Finger einer Hand zum Handgelenk und ist gleichzeitig ein Sinnesorgan für sich selbst.

Jedes Sinnesorgan hat eine äußere, physikalische Funktion, die Yin-Funktion und eine innere, spirituelle, die Yang-Funktion.

Mit der äußeren Funktion, den Yinliugen, kann die durch das Leben in der Gesellschaft konditionierte materielle Welt wahrgenommen werden. Mit der inneren Funktion, den *Yangliugen*, können wir *Qi* wahrnehmen. Die Wahrnehmung der subtilsten spirituellen Substanz Shen kann nur mit einem inneren, spirituellen Organ wahrgenommen werden, das selbst hinter den *Yangliugen* liegt.

Xing, *Qi* und Shen sind eine Einheit. Wegen der Grenzen unserer Wahrnehmung jedoch erscheinen sie getrennt. Bildlich gesprochen ist *Qi* wie fließendes Wasser, Shen wie Dampf und Xing wie Eis – ein Material in unterschiedlichen Zuständen.

Wuwei-Üben weckt die *Yangliugen*!

Um diese äußerst schwierige Praxis des „*Wuwei*-Übens" umzusetzen, gibt es keine festgelegte Übungsform, während des „*Wuwei*-Übens" kann aber jede Übungsform natürlich auftauchen – und genauso wieder vergehen.

Wuwei kann als eine Art der Selbstübung verstanden werden – der Übende tritt in den Wahrnehmungsbereich der Lebenskraft *Qi* ein und die Wirkung der Übung entfaltet sich von der Ebene des *Qi* aus.

Die Lebenskraft *Qi* kann als die Brücke zwischen Körper und Geist verstanden werden und umfasst so den gesamten Existenzbereich eines Menschen.

Drei Grundsätze bestimmen die ursprüngliche Praxis des *Taiji*

- Nichtwollen (*Wuwei*) als Übungsprinzip

- Natur (*Ziran*) als Methode und

- Die Rückkehr zum Ursprung (*Fanben*) als Ziel

Probleme im Üben des *Wuwei*

Das immer wieder stattfindende, natürliche Auftauchen von Gedanken, die daraus entstehenden Geschichten und der folgende, automatische Versuch des Verstehens und die mentalen Lösungsversuche dazu sind das schwierigste Problem der Übungspraxis des *Wuwei*, nämlich aus einer Selbstbewegung des Körpers eine Selbstregulation unbeeinflusst stattfinden zu lassen.

Es gibt verschiedene Youwei – Methoden, um dieses „Problem" zu lösen – z.B. sich auf den Atem zu konzentrieren und Gedanken wie Wolken am Himmel vorüber ziehen zu lassen ohne einzugreifen. Aber alle diese Methoden sind willentlich, erzeugen jeweils eine Art mentaler Muskel und verschwinden in ihrer Wirkung wieder, wenn sie nicht durch Üben permanent energetisch gefüttert werden. Letztendlich gibt es keine „Lösung" dieses Problems in der Praxis - weder durch Handeln noch durch Nicht-Handeln.

Eine Theorie zum *Wuwei*-Üben kann möglicherweise durch einen Lehrer, der diesen Weg verwirklicht hat, erfolgen in der Form, dass dieser Hinweise gibt, wie der kreativen Lebenskraft Zugänge in die Existenz eines Körper-Verstand-Organismus ermöglicht werden können. Durch einen solchen Lehrer kann auch eine Übertragung einer Art „Samen" der Lebenskraft in Form von *Qi* erfolgen, der Informationen enthält, die das *Wuwei*-Üben deutlich fördern. Zu welchen Ergebnissen und Erfahrungen *Wuwei*-Üben ohne eine Übertragung von *Qi* durch einen Lehrer führt, kann ich nicht sagen.

Gedankenwolken aus der Praxis

Lösungen

Jede mentale Tendenz, jegliches Verstärken in eine Richtung – des gesellschaftlichen Feldes, des spirituellen Feldes, des psychologischen Feldes – bedeutet den Versuch einer Problemlösung. Nirgendwohin zu tendieren bedeutet „Solution by no Solution". Genau das meint der Hinweis *Don't move.*

Don't Move – das bedeutet in der Praxis

> *Nothing to do, nowhere to go*
> *Don't seek, don't reject*

„Der perfekte Weg des Entgehens oder der perfekte Weg des Reagierens": auch alle Kampfkünste werden von dieser Idee bewegt und „Solution by no Solution" ist eine mögliche Lösung dieses Ansatzes. Auch keine Lösung kann also eine Lösung sein.

Solution is the problem. – UG Krishnamurti

Wenn du einfach sitzt, werden sich die meisten deiner Probleme lösen. – Shinryu Suzuki Roshi über Zazen

The Art of moving and stillness

Wuwei ist eine spielerische Form der Kunst mit sich selbst – the Art of moving and stillness. Künstler, Objekt und künstlerische Aktivität sind ausschließlich der eigene Körper und Geist. Durch ein freiwillig der eigenen Kontrolle entzogenes Sich-in-Bewegung-bringen-lassen des Körpers verändert sich dieser bei jedem Üben und in der Folge – da beide ungetrennt sind – verändert sich auch der Geist (der enge, konditionierte Geist in Form des „denkenden Verstandes"). Die Verwirklichung der Idee des *Wuwei* durch die Praxis einer schöpferischen Selbstbewegung des Körpers versteht sich als die Möglichkeit „eines Durchwirkens" der intelligenten Lebensenergie durch einen im Üben „gelösteren" und durchlässigeren Körper, den die Lebensenergie im entspannten Zustand intelligent reguliert. Diese Regulation hat in der Folge positive Wirkungen auf den Geist/Verstand, der ebenfalls durchlässiger wird und so neue, kreative Energie erhält, so das im Denkprozess neue Lösungs- und Aktivitätsmuster entstehen können.

Etwas als „künstlerisch wertvoll" oder „künstlerisch besonders" zu betrachten, ist aus der Idee des *Wuwei* überhaupt noch keine Kunst. Erst das, was im Nicht-Auftauchen eines Künstlers entsteht, könnte tatsächlich als Kunst bezeichnet werden. Aber was könnte das sein? Was könnte dort in der Form verweilen? Wer könnte das erkennen?

Samadhi des Handelns

„Ausschließliches Tun" als selbstregulative Bewegungen des Körpers ohne auslösenden Gedankenimpuls, also ohne spekulatives Reflektieren des Verstandes kann als „Samadhi des Handelns" bezeichnet werden. Das zu versuchen, ist die Substanz der *Wuwei*-Praxis. Jeder „Bericht", jede Reflexion über diese Praxis ist eine Lüge: keine Übung, kein Verstehen kann es berühren. Du bist ganz allein.

Kann sich so die Unmöglichkeit, das zu werden, was du bist, verwirklichen?

Achtsamkeit

Achtsam sein bedeutet beobachten.

Beobachtung erzeugt ein beobachtetes Objekt.

Ein Aspekt von *Wuwei* ist „ohne Beobachtung".

Philosophisches Üben

Im *Wuwei* entwickelt sich die Philosophie aus dem lebendigen Wissen, generiert aus der Körperintelligenz. Es basiert nicht auf philosophischen Interpretationen des denkenden Verstandes, die eher wie Märchen und Denksport für Erwachsene anmuten.

Theoretisches Wissen über *Wuwei* kann als lebendige Philosophie verstanden werden. „Lebendige Philosophie" entsteht im Prozess von „Selbst-Erkenntnis" und „Selbst-Erfahrung". Alles gesellschaftlich bekannte „Wissen" hingegen ist nicht dein Wissen, es ist „Wissen" aus zweiter Hand, vom „Hörensagen".

Lebendiges „philosophisches Wissen" aus Selbst-Erfahrung und Selbst-Erkenntnis ist ausschließlich der „Seinszustand". Diese Art von Wissen kennt keine Notwendigkeit und Möglichkeit, sich zu manifestieren und „auszudrücken". Es bleibt unreflektierbar. Darauf weist die daoistische Weisheit „Alles, was du als Dao

benennen oder erkennen kannst, ist nicht das Dao",
hin.

Letztendlich besteht „die Welt" nur aus Ideen und
Vorstellungen. „Die Welt" ist das Gesamtbild, der
Gesamteindruck, den der jeweilige menschliche
Körper-Verstand-Organismus aus dem perfekten
Zusammenspiel seiner Sinnesorganfunktionen im
Bewusstsein als in der Folge für-wahr-genommene
Wirklichkeit erzeugt. Wobei „Bewusstsein" an sich
schon eine Manifestation dessen ist, was Energie ist.
Dieses Existente besitzt, kennt oder benötigt aber
keine Energie, um zu sein.

Objekt und Subjekt

Ein Objekt wird für-wahr-genommen, erhält „ein Wort", also „einen Namen", worüber es dann identifiziert, analysiert und bewertet wird. Und so zum „Subjekt" wird – einem Objekt mit einer scheinbar unveränderlichen, nur ihm eigenen Substanz, die nur diesem Objekt innewohnt.

Aber ist der Name das Objekt? Kann das Objekt in seiner Wirklichkeit, seiner Tatsächlichkeit überhaupt „beschrieben" werden?

Erzeugen nicht alle Beschreibungen Trugbilder und Scheinbarkeiten?

Wäre eine Wahrnehmung aus der sinnlichen, direkten Körperintelligenz nicht realer als eine Für-wahr-nehmung aus einer „reflektierten Beschreibung", die der menschliche Verstand aus Merkmalen und Annahmen – dem „Wissen" über das Objekt - zusammen gesetzt hat?

Ist ein Merkmal von Intelligenz vielleicht „ohne reflektierende Beschreibung"?

Innen und Außen – geträumte Welten

Die Idee eines existierenden „Innen" und „Außen" in der gedanklichen Welt der menschlichen Für-wahr-nehmung entspringt einem Irrtum, entstanden aus reflektivem „Nach-denken".

„Außen" ist die Projektion des menschlichen Körper-Verstand-Organismus über das, was in diesem Moment als real existierende „Welt der Dualität" für wahr genommen wird.

„Innen" ist die Projektion von Bildern und Geschichten durch den Körper-Verstand-Organismus, die durch eine mehr oder weniger willentliche Intervention in „Geschichten aus in der Vergangenheit Erlebtem" und dem damit verknüpften, angesammelten Wissen über das „Außen" erschaffen wird.

In deinem „Inneren" suchen? Dann machst du Innen zum neuen Außen. Außen ist Innen, Innen ist Außen.

Wuwei in der Kampfkunst

Wuwei als in der Kampfkunst praktizierte Philosophie: der letzte Gegner, dem man scheinbar gegenübersteht und von dem man sich im Empfinden getrennt fühlt, ist man selbst.

Sich selbst zu besiegen bedeutet „sich von sich selbst zu erlösen".

Bleibe immer bei dir!

Entwicklung

Im Zustand des *Wuwei* findet keine erkennbare Entwicklung statt. Entwicklung ist nur in Zeit möglich. Gibt es einen richtigen Zeitpunkt, sich nicht in Zeit zu verstricken?

Ein Problem in der Praxis

Jeder Versuch, etwas verstehen zu wollen, ist der Versuch einer Problemlösung – und so die Geburt eines neuen Problems!

Freedom from the desire for an answer is essential to the understanding of a problem. – Jiddu Krishnamurti

Widerstand

Um den Geschmack von zu *Wuwei* tendierender Zustände zu erfahren, kann die Nutzung von sogenannten Wendeworten unterstützend sein. Wendeworte in dem Verständnis, dass sie den Fokus vom verbalen Denken zum physiologischen Denken wenden.

Das Wendewort „Widerstandslosigkeit" als Übung einer praktizierten Körperphilosophie bedeutet hier, dass der denkende Verstand – der zuerst aus reflektiven Bildern, dann aus der Subjektivierung dieser Bilder durch verbales Denken und zuletzt auf dieser Grundlage aus dem unendlichen Speicher toten Wissens, dem „Worldmind" der Menschen, „Geschichten in Zeit" erzeugt – absorbiert wird in anstrengungslose Bewegungen des Körpers aus sich selbst heraus.

In der Praxis ist physische Widerstandslosigkeit eine relative Größe – je nach Situation kann es einen physischen Widerstand geben, so ist der Körper stabil, aber gleichzeitig zwingt der denkende Verstand den Körper nicht zu einem Widerstand. Eine Situation kann natürlich einen physischen Widerstand erzeugen und gleichzeitig besteht mentale Widerstandslosigkeit.

Mentale Widerstandslosigkeit wirkt auf das Physische: das bedeutet, dass aus den Sinneseindrücken keine „mentale Geschichte" entsteht, kein Gedankenimpuls weiter verfolgt wird. Der Geist bleibt sozusagen jungfräulich. Gedanken ziehen wie Wolken am Himmel vorüber – ungehindert. Und lösen sich. Das wäre eine Lösung in der Praxis der Lösungslosigkeit!

Das *Werdet wie die Kinder* weist darauf hin.

Mentale Widerstandslosigkeit bedeutet nicht, nicht zu reagieren oder alles hinzunehmen. Ganz im Gegenteil: man agiert statt zu reagieren! Beeinflussenden Impulsen anderer folgt man nicht, man wird nicht reaktiv an die Aktionen anderer gekettet. Ein mentaler

Widerstand entstünde aus der beginnenden Geschichte des denkenden Verstandes z.B. bei der Schlussfolgerung „er guckt so aggressiv" – schon geht die spekulative Geschichte los, obwohl der Moment längst vorbei ist. Mentale Widerstandslosigkeit bedeutet, dass psychologisch nicht weiter gedeutet wird. Man gibt der Geschichte energetisch keine Nahrung, lässt sie sterben, ehe sie beginnt.

Learning Jeet Kune Do is not a matter of seeking knowledge or accumulating stylized pattern, but it is discovering the cause of ignorance. – Bruce Lee

Meinungslosigkeit

Das Wendewort „Meinungslosigkeit" wirkt als mentales *Wuwei* in das körperliche *Wuwei*. Es kann interpretiert werden als „Ich nehme auf nichts Einfluss, ich beeinflusse nichts" im Sinne von „Ich kümmere mich um nichts". Auch „Bewege dich nicht" und „am besten, du gehst in keine Richtung, aber bleibe auch nicht hier stehen" können einen

Geschmack der Praxis des Wendewortes „Meinungslosigkeit" vermitteln.

Meinungen

In den Meditationspraktiken gibt es den Hinweis, dass der Meditierende „nicht bewerten" soll. Jede „Meinung" ist eine Bewertung. Meditation ist also ein Zustand, der frei von „Meinung" ist. Egal, auf welchen Inhalt oder Aspekt sich die jeweilige Meinung bezieht. Meinungslos ist dort das große Los.

Solange eine Kugel besteht, bleibt sie rund nach allen Seiten. – Marc Aurel

Die Welt

Jeder Mensch lebt in seiner individuell für-wahr-genommenen „Welt", die in ihren Details nur für ihn so existiert. Vergeblich versucht die Wissenschaft, die Existenz „einer Welt" zu beweisen, deren Tatsächlichkeit aus objektiven Messergebnissen bewiesen werden und nicht mehr angezweifelt werden könnte.

Mit jedem Menschen stirbt eine Welt – Gerhart Hauptmann

Dekonditionierung

Eine tatsächliche Veränderung erstarrter Für-wahr-nehmung der Realität kann nur über den Körper-Verstand-Organismus erfolgen durch die beschriebene Selbstregulation im Zulassen kontrollloser Selbstbewegung. Die daraus resultierende „Wirkung" dekonditioniert. Alle anderen Methoden, Konzepte und Übungen sind „Denken stoppt Denken" – also nur eine neue Konditionierung, bestenfalls ein „Überschreiben" früherer Prägungen.

Freiheit

„Freiheit" definiert sich für den Menschen in der Regel als ein Optimum der sozialen, mentalen und physischen Umstände, die ihm das vermutete größtmögliche Wohlbefinden und Leidfreiheit garantieren.

„Freiheit" ist hier also ein Ziel in der Zukunft. Es soll erreicht werden durch kontrollierende, verbessernde Beeinflussung der erwähnten Zu- und Umstände. Also eine „Freiheit" als ein Gefühl, dass durch eine optimale Kontrolltätigkeit erreicht werden soll: eine Erscheinung versucht, sich Bewegungsfreiheit und Wohlbefinden aus ihren Vorstellungen darüber, wie die Umstände dazu am besten wären, zu erzeugen.

Tatsächlich ist es jedoch so, dass mit dem Erscheinen der scheinbaren Person absolute Unfreiheit erscheint. Schon das Erscheinen einer scheinbaren Person, das „Aufwachen", ist nicht beeinflussbar. Die

Erscheinung ist dem Erscheinen völlig hilflos ausgeliefert. Nur das Nicht-Erscheinen, die Abwesenheit der Anwesenheit eines Anwesenden und auch eines Abwesenden, wäre Freiheit. Bedauerlich, dass dann niemand mehr erscheint, der die Freiheit erleben und genießen kann.

Selbstregulation

Die optimale Selbstregulation des Körpers findet in der Abwesenheit eines „beobachtenden Wissens" – also in der Abwesenheit aktiven und passiven Nachdenkens – statt.

Die Selbstregulation findet also außerhalb der Sphäre des Denkens statt. Selbstregulation ist frei von Wissen, benötigt kein Wissen.

Solange du eine Idee von Praxis hast und dadurch praktizierst, ist es eine energetische Bewegung in Zeit. Ein Widerstehen.

Schon ein halbes Wort ist eine Lüge

Jeder gesprochene, gedachte und gelesene Satz ist eine Art Formel. Er erschafft eine Für-wahr-nehmung der Wirklichkeit, die immer lediglich eine Abstraktion der Wirklichkeit ist, vom Menschen aber als „lebendig" und „wahr" erlebt und problemlos akzeptiert wird. Darauf beziehen sich die Weisheitssprüche des Daoismus „schon ein halbes Wort ist eine Lüge" und „wenn du den Mund aufmachst, lügst du".

Erstarrung

Mentale „Erstarrung" geschieht durch Nach-Denken in einem Gespräch, im Zusammensein mit anderen Menschen beobachten und beobachtet werden und unzähligen anderen Situationen. So entstehen feste, mentale Formen. Das ist unverhinderbar. Aber „Form" zu stark oder zu schwach zu etablieren - das ist ein Problem der Praxis.

„Fließend bleiben" nur durch geringe willentliche Initiation und sich nicht „einzuhaken" ist ein

Praxisaspekt in gesellschaftlichen Zusammenhängen. „Fließend" bedeutet, das Speicherverhalten als Bestandteil der menschlichen Für-wahr-nehmung „zu lösen".

Immer ist das Nächste schon da. Das ist ein wichtiger Aspekt der Praxis.

Fließend bleiben in der Gesellschaft, abwesend sein in der Praxis.

Routine

Routine entsteht durch Wiederholung, Routine bedeutet anhäufen und verdichten – Formgebung! Wie kannst du üben ohne Routine und Wiederholung?

Es gibt ein Feld jenseits von richtigem Handeln und falschem Handeln. Dort warte ich auf dich. – Rumi

Stille und Frieden

Du als „Person" bist schon eine Reflexion dessen, was existiert. Deshalb ist alles, was du tust oder nicht tust nur eine unvermeidbare Ablenkung, eine scheinbare

Bewegung in Zeit und Raum. Aus diesem Grund kannst du auch „Stille" und „Frieden" nur in Form einer Vorstellung erleben. Illusionen, erschaffen von dir, an deren Realität du glaubst, weil du sie erleben kannst.

Ich

Du als „Ich" bist eine Art „Wahrnehmungspartikel", der immer dann scheinbar existiert, wenn er seine Aufmerksamkeit auf etwas richtet und so „lebendig" erscheint in der Dualität zum beobachteten Objekt.

Was du bist

Was du bist, kannst du nicht verstehen, nur sein.

Und wenn du es bist, verstehst du überhaupt nichts mehr.

Wer bin Ich?

Keine Ahnung. Keine Lösung. Kein Problem.

Hoffnungsträger

Worte bewirken Sicherheit und Identität, formieren den denkenden Verstand. Worte erzeugen deine Wirklichkeit. Worte bewirken Stillstand. So sind Worte Hoffnungsträger, die dich in die Welt der Illusion führen.

Zeit vergeuden

Zeit vergeuden? Das ist eine Idee von relativem Vor- und Nachteil. Existenz lässt alles sein und vergeudet nie. Erst in der Manifestation dessen, was Existenz ist, kann scheinbar etwas „vergeudet" werden.

Der Sucher sucht überall

Wuwei kann nicht entdeckt werden.

Wuwei ist keine Fähigkeit, die erlernt werden kann.

Wuwei ist kein Potential, das in dir angelegt ist.

Final Resignation

Die Theorie ist der Finger, der auf den Mond zeigt. Also Philosophie als Hinweisschild, das auch nur Ideen enthält. Die Praxis ist der Versuch, das zu verwirklichen, was der Mond ist. Und das wird niemals gelingen.

Was ist „üben" oder „praktizieren"?

Wenn am Morgen aufwachen geschieht und eine erste Idee und Vorstellung einer körperlichen oder mentalen Aktivität erscheint und diese sozusagen auslöst – die Umsetzung dieser Idee in Handlung ist „Üben". Und dieses „Üben" findet permanent im sogenannten Wachzustand statt. Im Hintergrund immer begleitet von der Frage „wie soll ich leben, wie kann ich am besten leben?" und „Wie erreiche ich einen Vorteil in der Ausführung, wie generiere ich einen für mich optimalen Nutzen?"

So besteht dein ganzer Tag aus „Üben". Ob ein junger Mensch „offen für Neues" ist oder ein älterer Mensch „festgefahren" übt: du sitzt immer in der Einzelzelle „Übung".

Wuwei kann nicht „geübt" werden. Trotzdem taucht in der Welt der Vorstellungen auch ein „*Wuwei* üben" auf und existiert dort scheinbar, vielleicht als

-       ein subtiles Üben der Resonanzlosigkeit

-       das Aufgeben jeglichen Widerstandes gegen Selbstregulation des Körper-Verstand-Organismus

-       who knows?

Warum überhaupt „üben"?

Wer üben muss, muss üben. Es gibt dort keine Wahl. Niemand, der den Willen wählt. Der Wille übt. Ob er will oder nicht.

Wuwei kann nicht geübt werden. Vielleicht wird das im *Wuwei*-Üben erkannt. Und dann?

Du kannst nicht sein oder werden, was du bist. Egal, was du übst, erkennst oder erfährst. All das sind nur Projektionen und Irrtümer bezüglich dessen, was du bist. Weder kannst du etwas verstärken und intensivieren, noch kannst du etwas schwächen oder vermindern in dieser Frage.

Keine Aktivität oder Nicht-Aktivität kann dich zu dem führen, was du bist. Alle willentlich initiierten Versuche – Zazen, Yoga, Satsang und tausend andere Methoden – ist ein in Zeit entstehen lassen eines neuen, künstlich erzeugten Energiefeldes. Solange du dieses Feld weiter energetisierst durch „üben", wird es bestehen und dir möglicherweise temporär relative

Vorteile bringen. Übst und energetisierst du nicht mehr, wird es wieder verschwinden.

So ist alles Bemühen und Üben absolut richtig. Denn erst in der Erkenntnis, dass alles Üben dich niemals zufrieden stellen wird, endet – vielleicht – alles Üben und Bemühen. Im Erreichen einzelner Ziele, die du dir in deinem Bemühen gesetzt hast, erlebst du zwischenzeitlich möglicherweise eine tiefe Entspannung, einen Zustand relativer Wunschlosigkeit. Und dann lädt sich unweigerlich das nächste Ziel, der nächste Wunsch, den du in Zeit erreichen willst, auf. Und das Spiel geht von vorne los. Und du wirst dabei immer müder und abgekämpfter. Was willst du tun?

Wenn du im Zazen etwas erreichen willst, garantiere ich dir, dass du nichts erreichen wirst. - Zentatsu Baker-Roshi

Der Sinn von Theorie für die Praxis

In der selbstregulativen Praxis mit dem Körper, dem Zulassen der Körperintelligenz: was wirkt dort, wie hilft dir dort dein ganzes Wissen – die neuesten, wissenschaftlichen Erkenntnisse, spirituelle Einsichten, kluge Anweisungen zu deinen Übungen? Sind das nicht alles flüchtige Reflexionen, die sich in der Praxis des *Wuwei* ohne Ausnahme auflösen?

Hilft dein Wissen in der Praxis?

Gar nicht.

Lediglich die Beruhigung des denkenden Verstandes durch das Wissen – zu glauben, du wüsstest, wie es ist und warum, zu glauben, du könntest deine Existenz verstehen – ist bezüglich der Anhäufung deines Wissens eine Hilfe in der Praxis.

Du musst dir in der Praxis des Zulassens der körperlichen Intelligenz durch Selbstregulation keine Fragen mehr stellen oder grübeln und nach Lösungen suchen.

Du kannst dich der Praxis hingeben, dem Verstand Urlaub geben. Also wird dein denkender Verstand durch die Theorie gesättigt und mischt sich nicht in die Praxis ein. Möglicherweise.

Haltungen – die Praxis durch den Körper

Stehen, Sitzen und Liegen sind die Haltungen, in denen versucht werden kann, mit dem Körper einen Zugang in die selbstregulative Intelligenz des Körpers zu finden.

Letztendlich gibt es keine „richtige" Haltung des Körpers. Lässt man es zu, reguliert und verändert die Körperintelligenz immer wieder jegliche Haltung. Kein Problem. Alles, was gehalten werden muss, wird zur Blockade.

Von Haltung zu Haltung – der Zug ins Nirgendwo. Das ist die Haltung der Körperintelligenz.

Sitzen

Am populärsten ist „Sitzen" als meditative Praxis wie als Beispiel das Zazen des Zen-Buddhismus. Im „Shikantaza – einfach sitzen" können leidfreie, glückselige Zustände der Abwesenheit des Sitzenden selbst erfahren werden. Relative Leidfreiheit durch

Selbstvergessenheit. Das *Qi* als Merkmal spielt in dieser Praxisform praktisch keine aktive Rolle.

Zen ist keine spirituelle Praxis. Zen ist eine Praxis des Körpers. - Kodo Sawaki

Stehen

Im „Stehen" sind die daoistischen „spontanen Bewegungen" als Selbstübung mittlerweile ein auch im Westen praktizierter Standard. Im Gegensatz zum „Sitzen" spielt hier das *Qi* eine aktive Rolle vor dem Hintergrund des selbstregulativen, natürlichen Wechsels von Ruhe und Bewegung. Ein Beweggrund für die stehende Haltung ist, dass das freie Fliessen des *Qi* möglichst ungehindert erfolgen kann, weil nur die Fußsohlen den Boden berühren und so ein mögliches Hemmnis des *Qi*-Flusses bewirken können. Der Aspekt „letztendliche Beruhigung des Geistes" ist hier jedoch wesentlich anspruchsvoller und schwieriger zu realisieren als im „Sitzen".

Liegen

„Liegen" ist die optimalste Haltung, um jegliche Kontrolle über den Körper aufgeben zu können. Hier jedoch besteht eine Schwierigkeit darin, den so genannten Geist anstrengungslos nicht zu schläfrig und desorientiert werden zu lassen. Auch der *Qi*-Fluss ist hier durch die große Auflagefläche gehindert. Und auch äußere, selbstregulative Bewegungen sind hier nur bedingt möglich.

Im Buch „Buddhaboxen − the Art of moving" wird zur Praxis des Liegens angeführt:

Um eine innere Selbstregulation des Körpers zuzulassen, ist die Liegeübung "der ruhende Buddhaboxer" die Königsdisziplin.

Warum? Im Alleinsein in ablenkungsarmer Umgebung ist die liegende Position des Körpers die einzige Haltung, in der der Körper nicht mehr gehalten oder kontrolliert werden muss. Das Denken kann ruhen und der Körper gelassen werden.

- Der Körper legt sich auf dem Rücken ab.
- Die Augen sind sanft geschlossen oder minimal geöffnet.
- Die Arme liegen in natürlicher Haltung dicht neben dem Körper oder alternativ liegen die Hände sanft auf dem Bereich des „Hara" auf
- Alternativ kann die linke Hand in der Körpermitte auf dem Hara ablegt werden und die rechte Hand mittig in ungefährer Höhe der Thymusdrüse.

Weder satt noch hungrig, weder gestresst noch kraftlos, lässt man den Körper sanft abgelegt sein.

Die Welt kann vergessen werden, versinkend im Gefühl der Zustandslosigkeit:

Nicht wach sein wollend

Nicht schlafen wollend

Den Körper lassend

Verdampfen Gedanken

Wie Regentropfen im Saharasand

Entspannung

„Entspannung" bedeutet - sich von sich selbst zu entspannen.

Es bringt alles Nichts!

Das ist durchaus im doppelten Wortsinn zu verstehen. Ob geistige oder körperliche Nahrung – es bringt immer etwas, es gibt immer eine Wirkung.

Wird etwas gegessen, gibt es ein körperliches Sättigungsgefühl. Oder Magenschmerzen. Beides ist vorübergehend.

Genau so ist es mit Ideen und Vorstellungen. Eine neue Idee, einleuchtend, dich motivierend, taucht auf. Vorüber gehend.

Alles taucht in der Welt der Erscheinungen auf. Wie Glühwürmchen. Mit begrenzter energetischer Lebensdauer. Und schon kommt das Nächste. Dies weist hin auf „die Substanzlosigkeit aller Dinge."

Es ist nie etwas passiert

Es passiert immer genau so, wie es passiert.

Es ist immer genau so, wie es ist.

In jedem so genannten Moment.

Niemals passiert etwas anderes, als das, was passiert.

Selbst „vorheriges Umdenken" lässt dann exakt das passieren, was passiert.

Passing by. Vorüber gehend.

Und alles, was „passiert", wird für-wahr-genommen aus einer Interpretation, einem „Erkennen", einem analysieren und schlussfolgern.

Tatsächlich ist nie etwas passiert. Aber alles erscheint. Unendliche „Filme und Geschichten" aller Manifestationen dessen, was ist, passieren deine Für-wahr-nehmung scheinbar Moment für Moment.

Stille üben?

Wird der Körper willentlich erzwungen unbewegt, also still: geschieht dann „Stille"? Oder geschieht

„tiefere Stille", wenn der Körper seine Blockaden – die er im Alltag der Gesellschaft immer wieder ansammelt – „ausbewegt" bzw. „ausschwingt" und in der Folge anstrengungslos und ganz natürlich zur Ruhe kommt und unbewegt – „still" - wird?

Diese Art der „Stille" des Körper-Verstand-Organismus hat eine andere Qualität. Aber letztendlich sind die erlebbaren, unterschiedlichen Formen von „Stille" immer temporär, benötigen immer einen willentlichen Impuls in die „richtungslose Richtung".

Kann das enden? Oder ist die Sehnsucht nach „Stille" der vergebliche Versuch, seiner selbst zu sterben?

Wuwei üben?

Übe das Üben, wie das Üben dich übt.

Steve McQueen

Der Schauspieler Steve McQueen berichtet in dem Film „Le Mans & the Man" über den Kern seiner Rennleidenschaft: „Wenn ich mit über 300 km/h fahre, verlässt mich meine Vergangenheit. Dann bin ich nahe dem Tod. Es ist Frieden in dem Moment."

When you're racing, it's life. - Steve McQueen

Steve McQueen beschreibt hier einen *Wuwei*-Zustand, in dem der denkende Verstand temporär vollständig inaktiv ist. In einem Autorennen, bei Höchstgeschwindigkeiten, muss der denkende Verstand zwangsläufig deaktiviert werden: die durch „Denken" hervorgerufene Verzögerung würde eine notwendige, augenblickliche Reaktion unmöglich machen und das, was zur Beherrschung einer solchen Situation notwendig ist, blockieren. Solche Situationen können nur durch „ein Beherrschen aus Kontrolllosigkeit" gemeistert werden. Denn was du kontrollierst, kontrolliert dich!

Buddha

Buddha – ein „Dealer without Dope"

The Robot is dreaming

Unzählige Gurus und Meister sprechen davon: „Du lebst in einem Traum. Erwache!"

Aber „wer" ist das, der erwachen soll? In jeglichem „Er-scheinen" im „Traum des Bewusstseins" manifestiert sich das, was tatsächlich existiert und kein Traum ist als Erscheinung, weder verbunden noch getrennt davon. Was ist falsch daran und muss geändert werden?

Die absolute Manifestation dessen, was Existenz ist, ist in diesem Verständnis der Traum, dass alles, was als „wirklich" und existent bzw. nicht-existent erkannt werden kann, immer eine Reflexion eines „Sinnesorgankörpers" ist. So ist jedes erkannte Objekt oder Nicht-Objekt eine Reflexion dessen, was Existenz ist.

„Erwachen aus dem Traum" ist nur eine weitere illusionäre Vorstellung: denn „The Robot is dreaming" ist exakt das, wofür der menschliche Körper-Verstand-Organismus erschaffen worden ist. Hier ein Problem lösen zu wollen, erschafft neue Probleme.

Psyche

Den Begriff „Psyche" hat die Gegenwartswissenschaft entworfen für ein Gefühl persönlicher Anwesenheit, das scheinbar im Wachzustand immer anwesend ist und in Gedanken und Taten handelt. „Psyche" ist ein eigentlich nicht greifbares Konstrukt des Verstandes, ebenso Ego, Ich, mein Selbst, meine Persönlichkeit. Ist „Psyche" nicht vielleicht *Qi* – also der Zustand, in dem schon etwas energetisch anwesend ist, aber noch nicht klar erkennbar – und dem Augenblick für Augenblick durch den denkenden Verstand Form gegeben wird? Und durch die scheinbare Lückenlosigkeit entsteht der Eindruck, das dort „permanent eine Person" ist?

So ist *Qi* der Schlüssel für eine Praxis des Körpers und der Körperintelligenz. Ansonsten bleibt es spiritueller Denksport.

The Walking Dead

Deine Identität ist Gedanke. Du bist Gedanke. Personifiziertes Denken, das dir Augenblick für Augenblick die Geschichte deiner Welt erzählt, mit der du dich verbunden und von der du dich gleichzeitig getrennt fühlst. Diese Merkmale erschaffen eine Dualität der Wahrnehmung.

Diese Welt bezeichnest du als „lebendig", als „Leben". Du und diese Welt sind jedoch nur eine energetisierte Reflexion dessen, was Leben und lebendig ist. Du kannst nur Reflexionen erkennen und erfahren, niemals das, was Leben ist.

Deshalb nennt man „die Welt der Erscheinungen" einen Traum: von dem, was „Leben" ist, angetriggerte Reflexionen, die du „fühlst", die sich scheinbar „bewegen" und sich in deiner Für-wahr-nehmung jeweils von allem anderen unterscheiden. Nur so funktioniert dein „lebendiger Traum". Why not?

There is no way You can experience the reality of anything. - UG Krishnamurti

Konzentration

Das, was üblicherweise unter „Konzentrationsfähigkeit" verstanden wird, ist ein Verdichten der Fokussierung auf ein mentales Objekt, auf eine Vorstellung. So bindet sich der Mensch an dieses mentale Objekt und lädt es mit Energie auf, das Objekt wird durch Konzentration darauf energetisiert, „mit Leben erfüllt". Der Mensch kann sich ausschließlich auf mentale Objekte im Feld seines Bewusstseins konzentrieren. Es ist immer „selbst erzeugt". Das willentliche weiter verfolgen auftauchender Bilder im Bewusstsein verleiht diesen eine scheinbare Existenz, ein scheinbares Leben und Bewegung.

Im sogenannten „Sport" findet zusätzlich eine „Konzentration" auf den Körper und sein Agieren statt. Auch diese Konzentration ist in ihrer Substanz mental und versucht, die natürlichen Regulationsmechanismen des Körpers hin zu einer gewünschten, effektiveren und besseren Leistungsfähigkeit zu manipulieren. Konzentration in seinem landläufigen Verständnis bedeutet also vor allem Kontrolle.

Konzentration im *Wuwei* ist eine Aufmerksamkeit, die zwar das Objekt für-wahr-nimmt, aber gleichzeitig nicht zielgerichtet darauf fokussiert ist, keinen Vorteil durch Erkennen und Bewerten zu generieren versucht. Diese „50/50-Konzentration" verfolgt keinen gedanklichen Impuls weiter, sammelt keine Merkmale des Objektes an und ist so nicht abgelenkt. Auch das ist eine Paradoxie: ohne ein Verdichten der Fokussierung ist trotzdem eine deutliche, aber unbelastete und unverzerrte Wahrnehmung des jeweiligen Objektes möglich.

Im *Wuwei*-Zustand erscheint Lebendigkeit an Stelle objekthafter Reflexionen.

Das Üben dieser Art von Konzentration führt anfänglich zu Unsicherheit, denn die übliche

Kontrollfunktion des denkenden Verstandes im sich-konzentrieren wird „gelöst", der Körperintelligenz wird die Möglichkeit gegeben, zu wirken.

Die übliche Konzentration durch den denkenden Verstand ist wie ein trainierter Muskel: sie häuft an, und ohne stetiges Üben zerfällt dieser Konzentrationsmuskel.

Die *Wuwei*-Konzentration hingegen häuft nicht an – sie ist durchlässig und anstrengungslos.

Auf subtiler Ebene der *Wuwei*-Praxis ist „Erkennen" schon Festhalten!

Daoistisch – nah an den Tatsachen

Eine schöne Anekdote weist auf die Nähe daoistischer Theorie als ernstzunehmendes Abbild der Wirklichkeit hin: als ich mit dem dreijährigen Sohn einer befreundeten Familie, Leon-Noel, im Auto unterwegs war, spielte ich eine CD der Nasa ab, auf der Geräusche aus dem Weltraum zu hören waren.

Plötzlich rief Leon-Noel aus seinem Kindersitz: „Uli, da war ich auch schon! Aber da war ich noch allein!"

Ein erfrischender Hinweis darauf, dass bei Babys und Kleinkindern noch die ursprünglichen Meridiane – Energiekanäle des Körpers - „geöffnet" sind und solche Impulse noch unverfälscht wahrgenommen werden, weil die Kette „Geist – Qi - Körper" noch durchlässig ist.

Nach und nach bewirkt dann die menschliche Gesellschaft durch Erziehung und Bildung, dass ein mehr und mehr reflektives Bild „der Welt" im denkenden Verstand entsteht und von dort aus für-wahr-genommen wird. Die Meridiane schließen sich.

Hieraus ist auch der Ansatz zu verstehen, dass spirituelle Praxis für den Menschen der Gegenwart, der in der Regel sehr „vergesellschaftet" ist, eigentlich nur über eine Praxis mit dem Körper ein Eintrittstor finden kann.

Sichtweisen

Alle Sichtweisen sind möglich. Aus absoluter Sicht sind alle Sichtweisen falsch und nicht existent. Aus relativer Sicht sind alle Sichtweisen richtig und existent.

Projektion

Das perfekte Zusammenspiel der Sinnesorgan-Funktionen des menschlichen Körper-Verstand-Organismus lässt die Projektion „die Welt" entstehen. Ganz natürlich, unverhinderbar.

So ist diese Projektion, erzeugt aus dem, was ist, auch das, was ist.

Weder getrennt noch verbunden.

Erkennen, Identifizieren, Bewerten – also das Erschaffen von Objekten in der projizierten Welt – bewirkt Trennung, das Empfinden, vom „Rest der Welt" getrennt zu sein.

Der Satz „die Welt ist eine Illusion" sollte eigentlich „deine Welt ist eine Illusion" heißen: aus dem Lebendigen verirrt sich das Denken in die Projektion „Welt". Dies ist insofern illusionär, als das alle dort erkannten Objekte substanzlos, ohne eigene beständige Identität sind.

Wie willst du – das Denken – daran auch nur das Geringste ändern?

Haben oder Sein

Der Physiker Werner Heisenberg entwarf 1925 die sogenannte Heisenbergsche Unschärferelation. Den Anspruch der Physik, „die Welt" genau zu beschreiben, stellt er dort in Frage: nach der Heisenbergschen Unschärferelation sind selbst schon zwei komplementäre Eigenschaften eines Teilchens nicht gleichzeitig beliebig bestimmbar, hier als Beispiel Ort und Impuls. Diese Unschärferelation wird als prinzipieller Natur angesehen, nicht als Folge von behebbaren technischen Unzulänglichkeiten des Messinstrumentes.

Nach Heisenberg verbindet sich − je exakter, spezialisierter und genauer die jeweilige Messung wird − in subtilen Bereichen der Akt der Messung mit dem energetischen Feld des beobachteten Objekts, also mit „der Welt des beobachteten Objekts". Dadurch beeinflusst der Akt der Messung selbst aktiv das Feld des beobachteten Objekts und verändert es unkontrollierbar. Abgesehen davon gibt es die irrtümliche Annahme dieser Art der Trennung von Beobachter und Objekt für den Menschen sowieso nur durch seine Art der Für-wahr-nehmung der Wirklichkeit: Die Tatsächlichkeit der Existenz besteht weder getrennt noch nicht getrennt. Denn dafür müsste ein Zweites tatsächlich existieren.

Also: umso mehr Details und Definitionen bezüglich einen Objektes – eines materiellen, beobbachtbaren Körpers oder eines immateriellen, beobbachtbaren Körpers (eines Ideals, einer Idee) – bekannt sind, desto mehr verirrt sich die Wissenschaft in den Details und es gelingt zusehends weniger, eine konkret fassbare, eindeutige Definition des Objekts zu realisieren. Immer mehr Spezialisten sind am Werk und beginnen, um Deutungshoheiten zu kämpfen. Ein Dschungel aus Irrtümern mit gelegentlichen Zufallstreffern entsteht.

Schon die grundsätzliche Annahme Heisenbergs, einen „Impuls" identifizieren („erkennen") und messen zu können, ist fragwürdig: nur Auswirkungen eines „Impulses" sind erkennbar und können gemessen werden, der Impuls selbst ist das, was Energie ist und damit nicht für-wahr-nehmbar für den menschlichen Sinnesorgankörper. So sind zwar die Auswirkungen von „Strom" messbar, „Strom" selbst aber ist dem Menschen nicht erkennbar oder messbar. Erfahrbar hingegen ist „Strom" für den Menschen, zum Beispiel im Rahmen der physikalischen Therapie. Jede weitere Annahme und Spekulation aus dieser Erfahrung „Strom" ist dann jedoch nicht mehr „Strom". Das, was Energie ist, befindet sich also nicht in Raum und Zeit wahrnehmbar und ist deshalb nicht messbar.

Der allem zugrunde liegende Irrtum befindet sich jedoch schon ganz am Anfang der sogenannten menschlichen Wahrnehmung: jegliches „Erkennen" eines Objektes ist eine Abstraktion der Tatsächlichkeit der Existenz dieses Objektes durch den menschlichen Sinnesorgankörper - eine Reflexion! So ist „der erste Ein-druck" möglicherweise das exakteste Erkennen eines Objektes in Form einer Reflexion. Alle weiteren Merkmale, die dem Objekt hinzugefügt werden, lassen ein gewichtigeres und differenzierteres Bild des Objektes entstehen, aber in dieser scheinbar genaueren Wahrnehmung des Objektes entfernt man sich immer weiter von der Tatsächlichkeit des Objektes.

Möglicherweise ist der Ausspruch Charlotte Steins „Eine Rose ist eine Rose ist eine Rose" aus dieser Erkenntnis geboren.

Anzunehmen, dass eine Detaillierung und ein Verschärfen des Fokus der ersten Abstraktion durch das Hinzufügen empirisch bewiesener, weiterer Merkmale des Objektes dieses genauer erkennen lässt, ist ein Trugschluss, denn schon das erste „Erkennen", die erste Für-wahr-nehmung des Objektes ist nicht die Existenz des Objektes.

„Intellektuelle Schärfung" führt so zu Unschärfe. Im Gegenteil führt diese fortwährende, detailverliebte Spezialisierung zu immer abstrakteren Annahmen über das Objekt. Letztendlich „erkennen" moderne Quantenphysiker in ihrer Forschung eine Leere selbst in den kleinsten Details, alles objekthafte „ist leer von sich selbst", leer von einem substantiell einzigartigen Inhalt. So werden Wissenschaftler zu gläubigen Buddhisten – denn dort spricht man von Shunyata, der Leere als Quelle aller Form und Nichtform.

Eine Paradoxie: umso mehr Merkmale eines Objekts erkannt und „gemerkt" werden, desto mehr ist man an dieses innere Bild des Objekts gebunden. Eine immer eingeschränktere Sicht auf das Objekt beschränkt sozusagen immer mehr die Ansicht der Tatsächlichkeit des Objekts. Dies bezieht sich besonders auf physische Objekte. Mental konstruierte, „aus einer Idee geborene" Objekte besitzen sowieso keine über die Idee hinausgehende Tatsächlichkeit.

Die mit den menschlichen Sinnesorganen – dort dem denkenden Verstand als natürlicher, zentraler Organisator – erfahrbaren Reflexionen in Form von materiellen und mentalen Objekten können als nicht-lebendig beschrieben werden. Lebendig ist das, was diese Objekte in ihrer nicht für-wahr-nehmbaren Existenz sind – niemals für den Menschen erkennbar, so wie das Auge sich selbst nicht sehen kann.

Wenn schon die Art der physikalischen Messung das Objekt unkontrollierbar beeinflusst und verändert, wie soll dann jemals aus Merkmalen die Identität eines Objektes exakt „fest-stellbar" sein? Lebendigkeit kennt keine „Fest-stellung". In der Dualität der Manifestation des Seins beeinflussen sich alle scheinbaren Objekte der Reflexion permanent gegenseitig – weil sie weder getrennt noch verbunden sind!

Haben oder Sein mündet hier in die Frage „Wissen haben oder Wissen sein?" Wissen haben ist ein unlebendige Anhäufung des fortgesetzten Irrtums, der immer erst einmal für wahr gehalten wird und in der Folge oftmals als Irrtum korrigiert werden muss, Wissen sein hingegen eher Lebendigkeit, die aber kein Wissen besitzt, sprich „haben kann" und auch kein Wissen „kennt".

Um nicht missverstanden zu werden: an der Art der menschlichen Für-wahr-nehmung der Existenz ist nichts falsch, nichts zu korrigieren, denn ohne sie könnte der Mensch den „Traum der Manifestation" nicht für-wahr-halten, nicht „leben". Gleichzeitig ist genau das die Ursache des Leidens.

Positive Wirkungen auf die Kommunikation

Der alles überlagernde Habitus des aufgeklärten, modernen „Westens" hat eine problematische Tendenz in den Menschen initiiert: das verbale, rationale Denken – die „Logik" – empfindet sich als ein entkörperlichter Geist, der streng vom physisch-materiellen Körper getrennt ist und sich diesem in einem Kontrollwahn scheinbar überlegen fühlt. So versteht sich der denkende Verstand als „Herr im Haus" des Menschen. Diese Rationalität nimmt jedoch immer irrationalere Auswüchse an, zu beobachten im mittlerweile öffentlich-privaten Leben der Menschen – einem extremen Individualismus des Individuums, der losgelöst von gesellschaftlichen Zwängen im Alleinsein Selbstoptimierung betreibt. Dazu stellt Joan Tollifson fest: „Erst der Tod ist das Ende der Selbstoptimierung".

Der fatale Effekt extremer Selbstoptimierungs-bemühungen des Einzelnen resultiert aus der Ideologie der modernen, westlichen Gesellschaftsformen, die eine Unabhängigkeit und De-Identifizierung des Individuums von fast jeglicher Gruppenzugehörigkeit propagiert. Ob die Politik bewusst dieses Ziel angesteuert hat, um den einzelnen Bürger noch besser kontrollieren und manipulieren zu können, wissen wahrscheinlich die Politiker und ihre Berater selbst nicht. Das Drama dieser Selbstoptimierungsbewegung – mittlerweile einer der profitabelsten Industrien – sehen wir in neongelbgrünen Gummianzügen zu Fuß oder auf Rennrädern dem Tod qualvoll entgegen hecheln. Denn wie sagt ein altes, chinesisches Sprichwort: "Mit jedem Schritt, mit dem du dich außer Atem bringst, läufst du dem Tod etwas schneller entgegen."

Der jedem Lebewesen natürlich innewohnende Überlebenstrieb ist mittlerweile in der Sicherheit der Konsumgesellschaft zu einem „Wohlfühltrieb" pervertiert. Im Extrem schadet dies dem Körper, denn in der Dualität der Manifestation hat auch jedes

Gefühl einen Antagonisten. Wo Wohlbefinden ist, muss auch Unwohlsein auftauchen, um wieder ein Gleichgewicht herzustellen.

Geboren aus der Idee der strikten Trennung von Körper und Geist, führt dieser Selbstoptimierungswahn hinein in eine ungesunde Übertreibung dieses Dualismus. Daraus folgend sollte man jedoch auch die Logik bemühen zur Klärung grundsätzlicher Fragen menschlicher Existenz: was wird geboren? Ein Geist? Oder ein Körper? Wer noch „halbwegs bei Verstand" ist, wird bestätigen, dass ein Körper geboren wird. Und wer ist dann „Träger" aller zukünftiger Entwicklung des scheinbaren Individuums? Natürlich unabdingbar der Körper.

Die „Lösung", das der Verstand bzw. „Geist" und seine Vorstellungen und Ideen die Probleme des Menschen, also zu allererst eines geborenen Körpers, lösen können, erscheint paradoxerweise ziemlich irrational. Das im komplizierten Zusammenleben in menschlichen Gesellschaften – in der Dualität, im Sich-getrennt-erleben – der rationalisierende Verstand eine notwendige Kontroll- und Ordnungsfunktion besitzt, steht hier nicht zur Diskussion. Aber das der Verstand aus seinen Abstraktionen und Vermutungen den Körper und dessen Selbstregulationen kontrollieren möchte, erzeugt eher physische Blockaden und Verzerrungen.

Letztendlich ist „Nicht-Wirken", d.h. das unbeeinflussende Zulassen natürlicher, selbstregulatorischer Abläufe im Körper sozusagen die Königsklasse der Selbstoptimierung. Die letzte Hoffnung daraus wäre, dass „der Krug so lange zum Brunnen getragen wird, bis er zerbricht". Also so etwas wie eine finale Resignation. Aber was kommt dann?

You can't create order. You can only be aware of disorder. – Jiddu Krishnamurti

Wer fühlt sich getrennt vom Körper?

Alle Erfahrungen, die unser frühes Bild der Welt entstehen lassen, machen wir durch unseren Körper. Darauf gesetzt wird im Laufe der Kindheit und Jugend etwas, was man den „Worldmind" des Menschen nennen kann. Der „Worldmind" beschreibt das Feld, dass das Potential des insgesamt möglichen Erfahrungswissens der Menschheit beinhaltet. Er ist die Wissensquelle des denkenden Verstandes, kann als der aus den Erfahrungen aller Menschen abstrahierte Wissensspeicher bezeichnet werden, aus dem dann „mein Bild der Welt" und die verschiedensten Normen und Werte entstehen, aus denen in der Folge gehandelt wird.

Die jeweils individuell unterschiedlichen Aspekte des „Worldmind" werden durch die Eltern, den Kindergarten, die Schule, die Peer-Groups, den Ausbildungsplatz und die Universität in das Erfahrungsfeld des jungen Menschen transportiert und „formen" einen sogenannten Charakter und dessen

Ansichten. Auch das Wissen der „Wissen-schaften" ist Bestandteil des „Worldmind", der alles durch den denkenden Verstand abstrahierte Wissen beinhaltet.

Für die soziale Emphatie und soziale Kommunikation ist die individualisierte Selbstoptimierung ein großes Problem, denn sie führt dazu, dass der Einzelne in jeder Interaktion und auch bei neuen, kreativen Ideen nur noch seinen relativen Vorteil sucht. Man will sozusagen „aus allem das Optimum für sich herausholen", da man sich nicht mehr deutlich mit seiner sozialen Umwelt „verbunden" fühlt.

Wuwei zu praktizieren ist ein Schritt hin zu einem stärker verkörperlichten geistigen Erleben der persönlichen Identität, zu einem weniger dualistischen Seinszustand. *Wuwei* mindert die übertriebene Selbstsucht, die aus der Idee der Trennung von Körper und Geist entstanden ist. Poetisch ausgedrückt, versickern die unnatürlich verzerrten Vorstellungen des denkenden Verstandes in der Praxis mit dem Körper wie „Regentropfen im Sand der Wüste". So korrigiert *Wuwei* asoziale Tendenzen im Verhalten und Denken hin zu einem angemessenen Miteinander.

Action based on idea is very superficial, is not true action at all, is only ideation,which is merely the thought process going on. Action which transforms us as human beings, which brings regeneration, redemption, transformation – call it what You will – such action is not based on idea. It is action irrespective of the sequence of reward or punishment. Such action is timeless. – Jiddu Krishnamurti

Die unmögliche Praxis des Sterbens

Der Versuch der Meditation, der Kontemplation ist die Sehnsucht nach Harmonie, Frieden, Stille – der Abwesenheit alles Störenden.

Wenn es mich nicht mehr gibt, geht es mir besser. - Karl Renz

Wenn der einzige Störenfried und das ewige Stehaufmännchen „Ich" in jeglicher Form von Meditation zur Ruhe kommt, kann es ein vorübergehendes Erleben von Frieden und Harmonie geben. Bis der nächste Elefant um die Ecke kommt und dir auf die Füße tritt!

Das „Ich" – eine ununterbrochene Reflexionsmaschine in der Manifestation dessen, was ist. Wo ist das Problem?

Ist eine Person erschienen?

Warum kümmert die scheinbare Person sich überhaupt um sich selbst?

Hat sie sich geboren? Wollte sie erscheinen? Hatte sie je eine freie Wahl dazu? Existiert sie tatsächlich aus sich selbst heraus und unabhängig von der restlichen Existenz?

Oder erschien die scheinbare Person ohne ihr Zutun, ohne Wahlmöglichkeit und ohne dies überhaupt selbst entscheiden zu können? Wo war die Person vor ihrem Erscheinen?

Kann also die scheinbare Person „etwas verdienen", „sich belohnen", „sich am Leben erhalten", „auf etwas hoffen", „etwas durchleben", „sich weiter entwickeln" – all das, außer als eine Geschichte in der Welt der Gedanken zu sein?

Und kann dann durch Meditation die scheinbare Person - ganz nach dem Motto „ohne mich geht es mir besser" – ruhig gestellt bzw. abgeschafft werden? Wie sollte in Zeit etwas erreicht werden können, das nicht in Zeit ist? Ist die Person „Zeit" und nur dort?

Aus den verwirrten Konditionierungen und Prägungen des sogenannten menschlichen Geistes entsteht eine „Person", ein „Ich". Auf die Leinwand „Bewusstsein" wird eine „Person" projiziert. Und die Person hält die Person am Leben. What to do? Das Leben so leben, wie das Leben sich lebt?

Willentliche Verwirrung

„Wille" bedeutet ein beeinflussendes, Richtung gebendes Einwirken in das Bewusstsein durch den Menschen.

Der Wille wirkt durch die Vorstellungskraft, in die Vorstellungskraft hinein. Daraus entsteht ein Gefühl „freien Willens". Die Vorstellungskraft ist jedoch eine vorgegebene Form.

Im „sich konzentrieren" wirkt der Wille energetisch auf die Vorstellungskraft, erzeugt dort durch sein Einwirken Bewegung als scheinbares Handeln in Raum und Zeit.

Der Mensch kann also „etwas wollen" (was als freier Wille verstanden wird), eine Idee willentlich sozusagen in Raum und Zeit in Bewegung setzen, aber das Ergebnis davon ist nicht kontrollierbar. Etwas zu „versuchen", unserem Suchen durch den Willen eine Richtung zu geben, ist alles, was zu tun dem so genannten freien Willen möglich ist.

Aber was sucht unser Wille, der unseren Ideen eine Richtung geben will? Doch immer eine Befriedigung unserer Ideen, eine Harmonisierung der individuell für-wahr-genommenen Welt, die paradoxerweise erst durch unsere Vorstellungen und den von dort einzugreifen beauftragten Willen aus dem Gleichgewicht und der Harmonie gebracht wird.

Was treibt den Willen an? Der Inhalt des denkenden Verstandes, der aus Informationen und deren Vernetzung besteht. Die Qualität des Treibstoffs „Wille" ist also abhängig davon, wie diffus oder klar, „geklärt" die Informationen sind.

Diffuse Informationen kommen aus Drittquellen. Inhalte, die wir gehört, gelesen, aus fremden Quellen „aufgenommen" haben. Das kann als „totes Wissen" bezeichnet werden, ein Netzwerk aus Projektionen „über die Dinge". Und was ist das Fundament dieses Wissens? Das absolute Unwissen des am Anfang seines Lebens geborenen menschlichen Körpers über „die Welt". Und auf dieses Unwissen treffen Informationen von außerhalb, die wir erst einmal

„glauben" müssen, um ihnen reales Gewicht zu verleihen. Aber bleiben diese Informationen nicht trotzdem immer lediglich Projektionen?

Unterscheidet man zwischen diffuser und geklärter Information, so ist das neuronale Netzwerk geklärter Information vor allem aus unserer Selbsterfahrung gespeist. Dann ist unser Seinszustand die Informationsquelle, im Gegensatz zu einem projektiven Bilderreigen toten Wissens, den wir oft unter schwersten Anstrengungen zu unserer Für-wahr-nehmung der Welt zusammen gesetzt haben. Wissen sein oder Wissen haben – das ist hier die Frage!

So bedeutet „Bildung" in seiner Essenz nichts anderes als eine individuell unterschiedlich zusammengesetzte Vernetzung von Informationen jeglicher Art. Das ist immer totes Wissen, dass sich ein Abbild der Wirklichkeit – die „bewirkt", dass wir diesen ganzen Unsinn für wahr halten – aus unseren Erfahrungen und Informationen erzeugt. Ein geklärter Seinszustand ist unberührt davon. Seine einzige Informationsquelle ist „Leben". Ungetrennt. Kein Raum und keine Zeit.

Information „ist" - und darin gibt es weder einen getrennt Erfahrenden noch eine Erfahrung. Möglicherweise ist das mit Erleuchtung gemeint: wo es keinen Erleuchteten und keine Erleuchtung gibt. Keine Notwendigkeit, keine Bedingung, kein Raum, keine Zeit, kein Sinn.

Wissen

Am Anfang deines Lebens besitzt du kein „Wissen".

Am Ende deines Lebens besitzt du kein „Wissen".

„Wissen" in der Zwischenzeit zu besitzen, macht dich unlebendig.

Das macht aber auch nichts.

Ein Ziel des *Wuwei*-Übens?

Wuwei-Üben ist die Suche nach dem absoluten Vorteil, der keinen relativen Vorteil mehr erreichen muss, um das zu sein, was ist.

Motive der Praxis

Alle Praxis ist motiviert von „sich verbessern wollen", „überleben wollen" und „kontrollieren wollen" – immer auf der Suche nach einem relativen Vorteil. Auch wenn anderes gesagt wird.

Erlösung

Die „Sehnsucht nach Erlösung" bedeutet Erlösung von sich selbst und der „Welt", die der denkende Verstand konstruiert hat. Gibt es einen Punkt, an dem man müde wird von den Vor- und Nachteilen menschlicher Existenz?

Ver-rückte Ideen

Kann der Mensch, weil er – möglicherweise anders als alle anderen Lebewesen – das spekulative Denken und Philosophieren besitzt, so etwas wie „Befreiung" und „Erlösung" erreichen? So etwas wie „Erleuchtung"?

Nur im Denken kann ein Gedanke an Befreiung und Erleuchtung ebenso wie „Gefangen" und „Nicht-Erleuchtet" auftauchen. Ist das Auftauchen dieser Sehnsucht nur ein in sich gefangenes Gedankenspiel? Was wäre das Ergebnis der Erfüllung dieser Sehnsucht? Und: Für wen oder was?

Leichtigkeit

Es gibt keine Notwendigkeit in der Existenz für die Existenz von Menschen. Nur Menschen denken, es gäbe eine solche Notwendigkeit.

Diese Erkenntnis kann Leichtigkeit bewirken.

Alles manifestiert sich. Das ist alles.

Fang den Ball nicht!

Jeder Blick, jede Geste, jede Vermutung, jede Erinnerung, jede verbale, schriftliche oder bildliche Nachricht – in dem Moment, in dem du sie „erkennst", „identifizierst", ihr also Realität gibst, hast du den Ball schon gefangen. Und webst ihn ein in die endlosen Traumgeschichten deines Lebens.

Fange den Ball nicht, stoße den Ball nicht weg – dann bleibst du leer von Anhaftungen!

Dies kann im gesellschaftlichen Alltag eine Shunyata-Übung sein, eine Übung der Leerheit. Möglicherweise kann dann bemerkt werden, wie übervoll der Körper-Verstand-Organismus mit diesen abgespeicherten, reflexiven Inhalten ist – ein verrückter Turmbau zu Babylon.

Gläubige Menschen und spirituelle Sucher

Auf der Suche nach Erlösung oder Erleuchtung sind Gläubige und spirituelle Sucher zwei Facetten einer Sehnsucht.

Menschen werden zu Gläubigen, weil sie an ihrer Für-wahr-nehmung der Existenz leiden, die das, was tatsächlich existiert, nicht wahrnehmen kann. Existenz ist keine Projektion.

So projizieren sie ihre Hoffnung auf Erlösung auf Ideen von Götter, Gurus, Kirchen und Religionen, die allesamt getrennt von ihnen in der Dualität als Vorstellung scheinbar existieren.

Erkennt der religiöse, gläubige Mensch die „Erlösung von Außen" als Illusion, so wird aus ihm zuweilen ein spiritueller Sucher. Nun wird „Innen" nach Erleuchtung gesucht, man nimmt das Vorhaben sozusagen in die eigenen Hände und versucht mit unzähligen Übungen verschiedenster Art zu dem zu werden, was man ist.

Am Ende dieses Weges taucht möglicherweise die Erkenntnis auf, dass die einzige Erlösung die von sich selbst ist, aber niemals durch sich selbst bewirkt werden kann. Das bezeichnet man als „letzte Resignation".

Absichtliche spirituelle Demut

„Um zu Gott zu finden, muss ein Kamel durchs Nadelöhr gehen": unzählige Gurus und selbsternannte Lehrer geben unendliche Empfehlungen, wie du durch Gebete, Mantras, Meditation, mildtätige und selbstlose Gaben, „Armut im Geiste", „Loslassen", allen äußerlichen und inneren Besitz aufzugeben zu Gott gelangst, erleuchtet wirst.

Es ist so: das, was Existenz ist, verliert nichts, aber gewinnt auch nicht hinzu. Wie willst du dich dem annähern oder davon entfernen?

Alles Verlieren, Aufgeben, Loslassen ist wie alles dazu gewinnen und vermehren ausschließlich in der Manifestation dessen, was Existenz ist.

Wertvolle Wertlosigkeit

Jede Meinung bewertet. Jede Meinung ist in der Manifestation von Relativität scheinbar existent. Jede Meinung hat dort ihre Existenzberechtigung. Absolut, genau wie ihr Gegenteil.

Das, was Existenz ist, bewertet nicht. Dort ist jede Meinung substanzlos und wertlos. Ohne Ursache tauchen alle Meinungen in der Manifestation von Relativität auf.

Ohne Bewertung ist jede Erscheinung wertlos.

Natürlichkeit

Wenn ein Mensch an jedem Tag seines Lebens zur körperlichen Bewegung ausschließlich fünfzehn Minuten spazieren geht, nie Vitaminpräparate nimmt, 90 Jahre alt wird und nie körperliche Beschwerden hat: auch ein solcher, natürlicher Verlauf eines Lebens wäre möglicherweise in der heutigen Gesellschaft von den Verführungen der Gesundheits-, Psycho- und spirituellen Industrie manipuliert und in Zweifel gezogen worden. Jeder Versuch und jede scheinbare Notwendigkeit, bei dieser Person eine irgendwie geartete „Kondition" oder Widerstandsfähigkeit aufzubauen, hätte hier jedoch geschwächt anstatt zu „heilen".

Nur ein sensitives Bewusstsein zum eigenen Körper kann wahrnehmen, welche „Conditio" (Verfassung) die natürliche Homöosthase (Fliessgleichgewicht des Organismus) ist. Je nach Lebensalter und der daraus folgenden biochemischen (Stoffwechsel) und hormonellen Veränderung, genetischer Veranlagung und den sich verändernden Lebensumständen wandelt sich auch die Conditio des Organismus. Die natürliche Conditio eines Organismus reguliert sich perfekt selbst. Die Selbstregulationssysteme, die die körperlichen Pulsationen regeln, besitzen eine innewohnende Intelligenz, die dem Menschen offenbar wissenschaftlich nicht zugänglich ist.

Dem Körper wohnt eine natürliche Tendenz hin zu Wohlbefinden inne in dem Sinne, dass der Körper sozusagen „nicht auffällt", nicht erwähnenswert gespürt wird, solange keine außergewöhnliche Belastung auftritt.

Die Psychologisierung der scheinbaren Identität (Person, Ego, Psyche) und der Wahrnehmung der körperlichen Erscheinung und Vorgänge aus diesem Blickwinkel hat jedoch bei vielen Menschen zu einer Konditionierung geführt, die ein Gefühl des somatischen Wohlbefindens erst akzeptiert, wenn bestimmte gesellschaftliche Normierungen angestrengt erfüllt wurden. Hier ist das wahrgenommene Wohlbefinden ein Wohlbefinden als Reaktion auf den Denkprozess, der eine Erfüllung der gesellschaftlich geforderten Leistung anerkennt. Diese „Leistung" ist ein psychologisches Phänomen, das die Person, das Ego, die Psyche tatsächlich befriedigt, also tatsächlich eine biochemische Reaktion des Körpers in Richtung Wohlbefinden zur Folge haben kann. Dies ist eine unnatürliche Conditio.

Den natürlichen Bewegungen, einer natürlichen Conditio nicht im Wege zu stehen, ist eine Kunst des *Wuwei*. Das Ergebnis ist dann immer das Ergebnis, ob erwünscht oder nicht.

Bildung

Der aus dem Denken abstrahierte Denker ist Dualität. Jede Art von Dualität ist augenblicklich „Wissen", erzeugt ein Gegenüber und Gut und Böse. So „bildet" jeder „Eindruck" in das Bewusstsein eine Vorstellung, und so „bildet" sich der Denker nach und nach seine Welt der Dualität. In diesem Verständnis bedeutet Bildung Gewalt.

„Selig sind die geistig Armen" ist ein Fingerzeig auf einen nicht-dualen Geisteszustand.

Die Wissensgesellschaft

Unsere sogenannte Gesellschaft ist eine „Konsumgesellschaft des Wissens". „Wissen" wird immer schneller produziert, sozusagen immer billiger. Es ist analog zu einer Hyperinflation des Geldes, bei der ein Brot am Ende zehn Milliarden Euro kostet. Am Höhepunkt der „Wissensgesellschaft" gibt es für zehn Milliarden Facetten von Erkenntnis am Ende nur eine Erkenntnis: so genanntes "Wissen" kann das Leben, die Existenz nicht berühren, kontrollieren, lenken oder „sein". „Wissen" ist eine schwache Auswirkung von Leben – von dem, was ist – an einer Art äußerer Peripherie der Manifestation von Erscheinungen, der Dualität.

Für welche Art von Praxis kann diese Erkenntnis von Nutzen sein?

Vergleichen

Jeder Vergleich bedeutet energetischen Verlust. Jeder Vergleich mit anderen Personen, mit Situationen aus der Vergangenheit, mit möglichen Situationen einer scheinbaren Zukunft, mit dem sozialen Umfeld, mit dem energetischen Zustand, mit vergangenen und möglichen Zuständen, mit allen möglichen Vor – und Nachteilen, bedeutet ein Stocken des energetischen Fliessens. Jeder Vergleich ist Denken.

Kannst du das beenden? Natürlich nicht. Warum? Weil du das bist und kein Zweites existiert. Mit jeder scheinbaren Änderung änderst du nie das, was du bist.

Vergleich muss stattfinden, solange die Manifestation in Dualität erscheint. Vergleich ist ein notwendiger Aspekt, der die Wahrnehmung einer Dualität als real erscheinen lässt. Die Für-wahr-nehmung der Dualität erscheint dir real, jedoch nicht das, was diese Realität ist.

Die illusionäre Erscheinung erscheint dir real, die Realität erscheint dir illusionär.

Das Verstehen verstehen

Verstehen ist praktisch jedem Mensch gegeben. Wo „deutsch" als Konditionierung gelernt wurde, wird „deutsch" auch „verstanden". Verstehen bedeutet augenblickliches Identifizieren.

Kann „Verstehen" verstanden werden? Kann Verstehen verstehen?

Verstehen ist eine Konditionierung, die nur Totgeburten produziert. Scheinbare, objekthafte Inhalte zu identifizieren, die ausschließlich Vorstellung sind, ist „Verstehen". Es kann nichts verstanden werden.

Praxis und Theorie

Jede Theorie ist Praxis, jede Praxis ist Theorie. Theorie ist Denken, Praxis ist Denken. Jede Praxis mit dem Körper ist Denken, jede Praxis mit dem Geist ist Denken. Körper ist Geist, Geist ist Körper. Alles Denken.

Du und die Welt

Du und die Welt erscheinen gemeinsam augenblicklich. Du und die Welt vergehen gemeinsam. Darüber hinaus musst du dir keine Gedanken machen. So einfach ist das.

Konsequenz

Konsequenz bedeutet absolute Inkonsequenz. In der Manifestation wechselt in jedem Augenblick der „Eindruck" des Bewusstseins. Kein Festhalten der „Ein-Drücke" bedeutet absolute Inkonsequenz. Aber wer will das? Der, der alles festhält?

Willkür

Willkür ist deine einzige Option, die absolute Optionslosigkeit. Dein Wille ist das, was du bist. Gibt es einen Willen des Willens, der den Willen hindern könnte?

Surfen

Alles dreht sich heute um das Internet, Social Media und Computer. Du bist dein absolutes Internet und der Computer in Einem. Weder verbunden noch getrennt. Anstatt einer „Seite" wird ein Moment nach dem anderen aufgerufen. Nicht genug Unterhaltung, um dich zu unterhalten?

Alles Liebe

Alles ist Reproduktion. Reproduktion aus unendlicher Existenzangst. In der Dualität der Manifestation muss scheinbare Bewegung sein. Auch die nur subtilst willentlich angeregte Bewegung ist der unendliche, immer erfolgreiche Versuch der Re-Energetisierung der Manifestation der Erscheinungen. „Ruhe" ist Bestandteil dieser Bewegung des energetischen Perpetuum Mobile.

Dein Ende? Weiter geht´s !

Der Körper ist der Behälter, der die *Für-Wahr-Nehmung* deiner individuellen „Welt" zusammen hält.

Löst sich der Körper auf, lösen sich auch die Inhalte „deiner Welt" auf. Mit dem Körper verschwindet auch jede Möglichkeit der Kontrolle.

Dein Universum, dein Leben, dein Land, deine Familie, deine Erfahrungen, deine Erinnerungen, dein Weltbild, deine Identität – alles löst sich auf, alles verschwindet.

Das, was Bewusstsein ist, bleibt. Das Potential der Potenz existiert.

Was bringt es als Nächstes hervor, das sich als „Ich", getrennt vom Rest der Manifestation, erlebt?

Es hat unendliche Möglichkeiten und Variationen. Good Luck!

Über den Autor

Ulrich Fromme lebt in Berlin. Seit mehr als vierzig Jahren praktiziert und lehrt er Kampfkunst in Verbindung mit fernöstlicher Philosophie. Überdies arbeitete er zwanzig Jahre im psychosozialen Bereich und war geschäftsführend in eigenen Firmen tätig.